Luzern

DEIN CITY TAGEBUCH

Dieses Buch gehört:

Vorname _____

Name _____

Email _____

Telefon _____

Adresse _____

_____

_____

Luzern

Luzern - Zahlen & Fakten
Anzahl Einwohner (2016): 81'592
Fläche (in km^2): 29,06
Höhe ü. Meer (in m): 436
Gegründet: Zwischen 1180 und 1200

Der Stempel der Stadt Luzern
(Der Beweis, dass du wirklich hier warst – *Erhältlich bei Luzern Tourismus*)

Luzern

DEIN CITY TAGEBUCH

Inhalt

What
I Like

So funktioniert's

Grüezi!

Schön, dass du das *What I Like* City-Tagebuch für Luzern in deinen Händen hältst. Luzern – Was für eine tolle Stadt!

Mit diesem Buch kannst du
( ) alle deine Lieblingsorte in Luzern festhalten.
( ) Freunde mit wertvollen Tipps beglücken.
( ) dich neu in diese Stadt verlieben.

Füll es aus, bewerte jeden Beitrag mit ☆ bis ☆☆☆☆☆ und klebe gesammelte Visitenkarten ein. So machst du dieses Buch zu deinem ganz persönlichen Städteführer.

Aber Vorsicht! Wenn du es deinen Freunden leihst, wirst du dein *What I Like* City-Tagebuch wahrscheinlich nie wiedersehen.

Über dich

Du reist gerne
( ) alleine. ( ) in Gruppen.
( ) in guter Gesellschaft.

Du erstellst eine Check-Liste fürs Packen.
( ) Check! ( ) Nein

Du nimmst tendenziell zuviel mit.
( ) Ja ( ) Oh ja!

Du trägst deinen Koffer selbst.
( ) Ja ( ) Nein

Dein Lieblingstransportmittel:
( ) Zug ( ) Flugzeug ( ) Auto ( ) Fahrrad
( ) Motorrad ( ) Boot ( ) Privat-Jet

Du bist (*wähle so viele du magst*)
( ) ein Geniesser.
( ) ein Abenteurer.
( ) eine Partynudel.
( ) gefangen in deinem Budget.
( ) ein Städteführer-Auswendiglerner.

Die erste Stadt, in die du dich verliebt hast:

(*diese Stadt*) _____

Drei Dinge, die du an Städtereisen liebst:

1. _____

2. _____

3. _____

Du bist in Luzern, weil du

hier _____

In Luzern warst du
( ) bisher nur ein Mal. ( ) 2 - 10 Mal. ( ) über 10 Mal.
( ) schon immer. ( ) noch nie!

Das liebst du an Luzern:

(*das*) _____

_____

Lieblingsorte

**Dein absoluter Lieblingsort
in Luzern:**

ORT _____

☆☆☆☆☆ FÜR _____

SAG WARUM _____

_____

_____

WIE KOMMT MAN AM BESTEN HIN? _____

_____

Dein Lieblingsquartier:

QUARTIER _____

☆☆☆☆☆ FÜR _____

SAG WARUM _____

_____

_____

WIE KOMMT MAN AM BESTEN HIN? _____

_____

Deine Lieblingsstrasse:

STRASSE _____

☆☆☆☆☆ FÜR _____

SAG WARUM _____

_____

_____

WIE KOMMT MAN AM BESTEN HIN? _____

_____

Dein Lieblingsgebäude:

GEBÄUDE _____

☆☆☆☆☆ FÜR _____

SAG WARUM _____

_____

_____

WIE KOMMT MAN AM BESTEN HIN? _____

_____

Dein Lieblingsplatz:

PLATZ _____

☆☆☆☆☆ FÜR _____

SAG WARUM _____

_____

_____

WIE KOMMT MAN AM BESTEN HIN? _____

_____

Dein Lieblingspark:

PARK _____

☆☆☆☆☆ FÜR _____

SAG WARUM _____

_____

_____

WIE KOMMT MAN AM BESTEN HIN? _____

_____

Dein Lieblingsaussichtspunkt:

AUSSICHTSPUNKT _____

☆☆☆☆☆ FÜR _____

SAG WARUM _____

_____

_____

WIE KOMMT MAN AM BESTEN HIN? _____

_____

Ein kleiner Stadtrundgang:
(Mach eine einfache Skizze)

Übernachten

IN LUZERN

**Deine Lieblingsübernachtungsmöglichkeit
in Luzern:**

HOTEL / B&B _____

☆☆☆☆☆ FÜR _____

WAS GEFÄLLT DIR HIER? _____

_____

ADRESSE _____

_____

WWW _____

Oder:

( ) Bei (*dieser Person*) _____

( ) Bei dir zuhause.

Hier schläft man gut und günstig:

HOTEL / B&B _____

☆☆☆☆☆ FÜR _____

WAS GEFÄLLT DIR HIER? _____

_____

ADRESSE _____

_____

WWW _____

Hier wolltest du schon immer mal absteigen:

HOTEL / B&B _____

☆☆☆☆☆ FÜR _____

WAS GEFÄLLT DIR HIER? _____

_____

ADRESSE _____

_____

WWW _____

Visitenkarten von Hotels und anderen Übernachtungsmöglichkeiten:
(Bitte sorgfältig einkleben)

Luzern

♟️

Essen

IN LUZERN

Du magst
( ) gut & günstig.   ( ) kulinarische Höhenflüge.
( ) weisse Tischtücher.   ( ) runde Teller.
( ) Bedienung mit Deutschkenntnissen.   ( ) gutes Licht.
( ) regionale Zutaten.

Dein Lieblingsrestaurant
in Luzern:

RESTAURANT _____

☆☆☆☆☆ FÜR _____

WAS ISST MAN HIER? _____

_____

ADRESSE _____

_____

WWW _____

Bestes Frühstück / Bester Brunch:

RESTAURANT _____

☆☆☆☆☆ FÜR _____

WAS ISST MAN HIER? _____

_____

ADRESSE _____

_____

WWW _____

Auch gut für Frühstück / Brunch:

RESTAURANT _____

☆☆☆☆☆ FÜR _____

WAS ISST MAN HIER? _____

_____

ADRESSE _____

_____

WWW _____

🍷🍴

Bestes Mittagessen:

RESTAURANT _____

☆☆☆☆☆ FÜR _____

WAS ISST MAN HIER? _____

_____

ADRESSE _____

_____

WWW _____

Essen mit Aussicht:

RESTAURANT _____

☆☆☆☆☆ FÜR _____

WAS ISST MAN HIER? _____

_____

ADRESSE _____

_____

WWW _____

Am besten zu zweit:

RESTAURANT _____

☆☆☆☆☆ FÜR _____

WAS ISST MAN HIER? _____

_____

ADRESSE _____

_____

WWW _____

Am besten mit Familie & Freunden:

RESTAURANT _____

☆☆☆☆☆ FÜR _____

WAS ISST MAN HIER? _____

_____

ADRESSE _____

_____

WWW _____

🍴

Visitenkarten von Restaurants:
(Bitte sorgfältig einkleben)

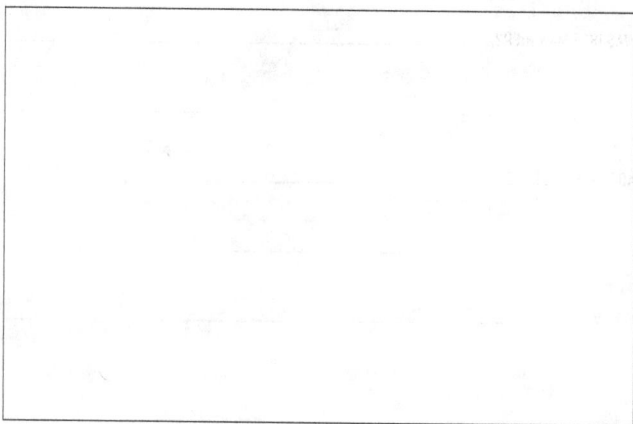

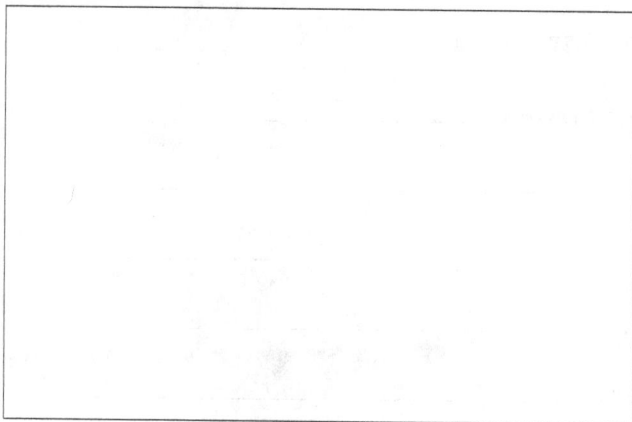

Luzern

Einkaufen

Du magst
( ) freundliche Beratung.   ( ) spezielle Mitbringsel.
( ) ein tolles Einkaufserlebnis.   ( ) lokale Spezialitäten.
( ) billiges Parken.   ( ) grosse Auswahl.   ( ) kleine Preise.
( ) Ausgefallenes.

**Dein Lieblingsgeschäft
in Luzern:**

GESCHÄFT _____

☆☆☆☆☆ FÜR _____

WAS KAUFTST DU HIER? _____

_____

ADRESSE _____

_____

WWW _____

Genau dein Style:

GESCHÄFT _____

☆☆☆☆☆ FÜR _____

WAS KAUFST DU HIER? _____

_____

ADRESSE _____

_____

WWW _____

Das beste Souvenir-Geschäft:

GESCHÄFT _____

☆☆☆☆☆ FÜR _____

WAS KAUFST DU HIER? _____

_____

ADRESSE _____

_____

WWW _____

🛒

Hier gibt's die besten Lebensmittel:

GESCHÄFT _____

☆☆☆☆☆ FÜR _____

WAS KAUFT MAN HIER? _____

_____

ADRESSE _____

_____

WWW _____

Für Wein & Spirituosen:

GESCHÄFT _____

☆☆☆☆☆ FÜR _____

WAS KAUFT MAN HIER? _____

_____

ADRESSE _____

_____

WWW _____

Der beste Flohmarkt:

FLOHMARKT _____

☆☆☆☆☆ FÜR _____

WAS FINDET MAN HIER? _____

_____

ADRESSE _____

_____

WOCHENTAG _____

Der beste 24-Stunden Laden:

LADEN _____

☆☆☆☆☆ FÜR _____

WAS KAUFT MAN HIER? _____

_____

ADRESSE _____

_____

WWW _____

Visitenkarten von Geschäften:
(Bitte sorgfältig einkleben)

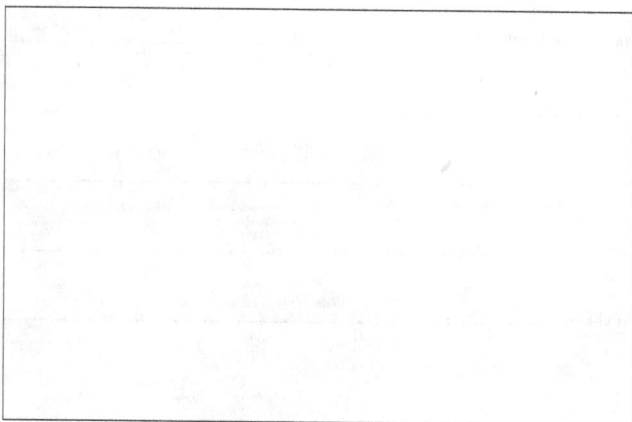

Cafés

IN LUZERN

Du magst
( ) gute Kaffee-Kultur.   ( ) leckere Kuchen.
( ) süsse Bedienung.   ( ) gratis WiFi.   ( ) gemütlich.
( ) Menschen beobachten.   ( ) in Ruhe arbeiten.
( ) heimlich einheimisch.   ( ) Kaffeeketten.

**Dein Lieblingscafé
in Luzern:**

CAFÉ _____

☆☆☆☆☆ FÜR _____

WAS IST GUT HIER? _____

_____

ADRESSE _____

_____

WWW _____

Den besten Kaffee gibt's hier:

CAFÉ _____

☆☆☆☆☆ FÜR _____

WAS IST GUT HIER? _____

_____

ADRESSE _____

_____

WWW _____

Für informelle Treffen:

CAFÉ _____

☆☆☆☆☆ FÜR _____

WAS IST GUT HIER? _____

_____

ADRESSE _____

_____

WWW _____

☕

Um mit fremden Menschen in's Gespräch zu kommen:

CAFÉ _____

☆☆☆☆☆ FÜR _____

WAS IST GUT HIER? _____

_____

ADRESSE _____

_____

WWW _____

Die coolste Einrichtung:

CAFÉ _____

☆☆☆☆☆ FÜR _____

WAS IST GUT HIER? _____

_____

ADRESSE _____

_____

WWW _____

Visitenkarten von Cafés:
(Bitte sorgfältig einkleben)

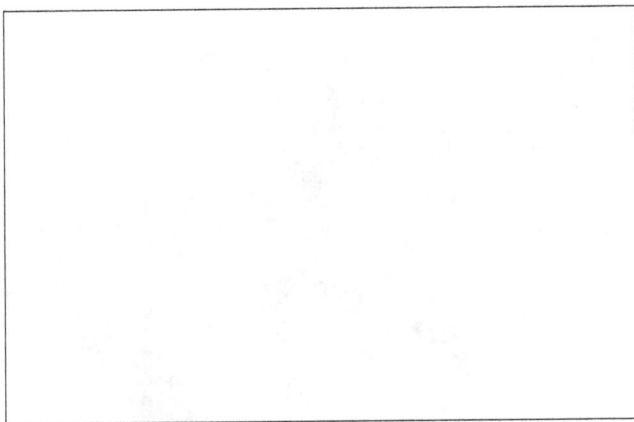

Noch mehr Visitenkarten von Cafés:
(Bitte immernoch sorgfältig einkleben)

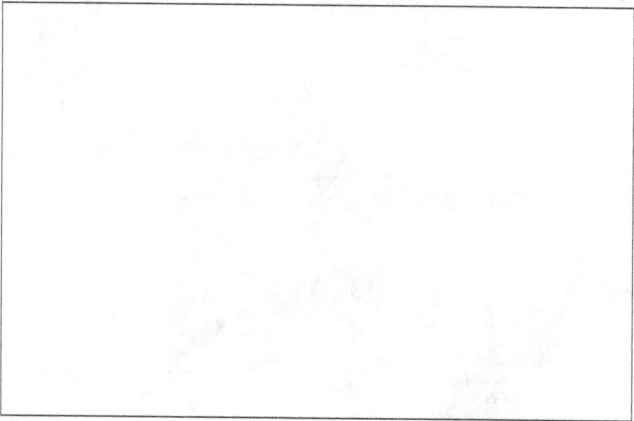

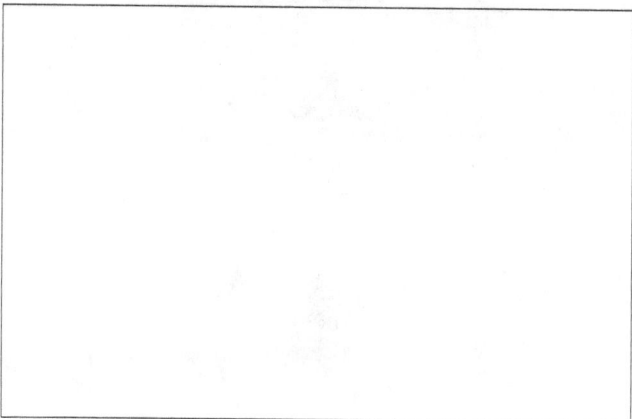

Ausgehen

Du magst
( ) coole Leute.   ( ) aussergewöhnliches Ambiente.
( ) überraschende Cocktails.   ( ) klassische Drinks.
( ) Live-Musik.   ( ) schummriges Licht.
( ) Haken für Mäntel und Handtaschen an der Bar.

Deine Lieblingsbar in Luzern:

BAR _____

☆☆☆☆☆ FÜR _____

WAS TRINKT MAN HIER? _____

_____

ADRESSE _____

_____

WWW _____

Y

Die beste Cocktail-Bar:

BAR _____

☆☆☆☆☆ FÜR _____

WAS TRINKT MAN HIER? _____

_____

ADRESSE _____

_____

WWW _____

Um Leute kennenzulernen:

BAR _____

☆☆☆☆☆ FÜR _____

WAS TRINKT MAN HIER? _____

_____

ADRESSE _____

_____

WWW _____

Y

Dein Lieblings-Ausgeh-Quartier:

QUARTIER _____

☆☆☆☆☆ FÜR _____

SAG WARUM _____

_____

_____

WIE KOMMT MAN AM BESTEN HIN? _____

_____

Dein Lieblingsclub:

CLUB _____

☆☆☆☆☆ FÜR _____

MUSIKRICHTUNG _____

_____

ADRESSE _____

_____

WWW _____

Y

Verpflegung zu später Stunde:

IMBISS / RESTAURANT _____

☆☆☆☆☆ FÜR _____

WAS ISST MAN HIER? _____

_____

ADRESSE _____

_____

WWW _____

Letzte Runde:

BAR / CLUB _____

☆☆☆☆☆ FÜR _____

WAS TRINKT MAN HIER? _____

_____

ADRESSE _____

_____

WWW _____

Y

Visitenkarten von Bars & Clubs:
(Bitte sorgfältig einkleben)

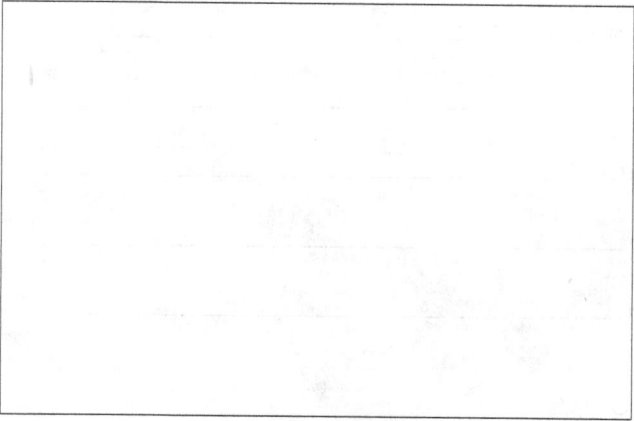

Kultur

IN LUZERN

Du magst
( ) gute Unterhaltung.   ( ) Konzerte. ( ) Grossanlässe.
( ) Hausparties.   ( ) Lesungen.   ( ) Ausstellungen.
( ) grosses Kino. ( ) Theater. ( ) Subversives.
( ) Kunst.   ( ) Festivals aller Art.

**Deine Lieblingsveranstaltung
in Luzern:**

VERANSTALTUNG _____

☆☆☆☆☆ FÜR _____

WANN FINDET SIE STATT? _____

_____

ADRESSE _____

_____

WWW _____

Dein Lieblingsmuseum:

MUSEUM _____

☆☆☆☆☆ FÜR _____

WAS SIEHT MAN HIER? _____

_____

ADRESSE _____

_____

WWW _____

Dein Lieblingskino / Lieblingstheater:

KINO / THEATER _____

☆☆☆☆☆ FÜR _____

WAS SIEHT MAN HIER? _____

_____

ADRESSE _____

_____

WWW _____

Lieblingsveranstaltung im Frühling:

VERANTSTALTUNG _____

☆☆☆☆☆ FÜR _____

WANN FINDET SIE STATT? _____

_____

ADRESSE _____

_____

WWW _____

Lieblingsveranstaltung im Sommer:

VERANTSTALTUNG _____

☆☆☆☆☆ FÜR _____

WANN FINDET SIE STATT? _____

_____

ADRESSE _____

_____

WWW _____

Lieblingsveranstaltung im Herbst:

VERANSTALTUNG _____

☆☆☆☆☆ FÜR _____

WANN FINDET SIE STATT? _____

_____

ADRESSE _____

_____

WWW _____

Lieblingsveranstaltung im Winter:

VERANSTALTUNG _____

☆☆☆☆☆ FÜR _____

WANN FINDET SIE STATT? _____

_____

ADRESSE _____

_____

WWW _____

Menschen

Du magst es
( ) verbindlich.   ( ) easy.   ( ) gesellig.   ( ) gemütlich.
( ) im kleinen Rahmen.   ( ) in grossen Gruppen.

Dein Lieblingsmensch
in Luzern:

VORNAME _____

NACHNAME _____

HIER HABT IHR EUCH KENNENGELERNT _____

_____

ADRESSE _____

_____

TELEFONNUMMER _____

EMAIL _____

48   **Luzern**

Das ist ein echter Luzerner / eine echte Luzernerin:

NAME _____

HIER HABT IHR EUCH KENNENGELERNT _____

_____

ADRESSE _____

_____

TELEFONNUMMER _____

EMAIL _____

Die letzte Person, die du in Luzern kennengelernt hast:

NAME _____

HIER HABT IHR EUCH KENNENGELERNT _____

_____

ADRESSE _____

_____

TELEFONNUMMER _____

EMAIL _____

Visitenkarten von Menschen:
(Bitte sorgfältig einkleben)

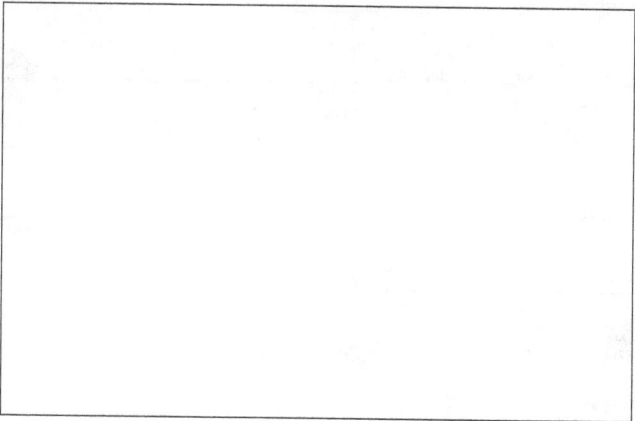

Notizen

Luzern

What I Like

Die *What I Like* City-Tagebücher sind jetzt erhätlich auf
www.whatilike.com
sowie in ausgesuchten Geschäften in der Schweiz.

www.ingramcontent.com/pod-product-compliance
Lightning Source LLC
Chambersburg PA
CBHW050212270326
41914CB00003BA/374